APPEL

AU

BON SENS

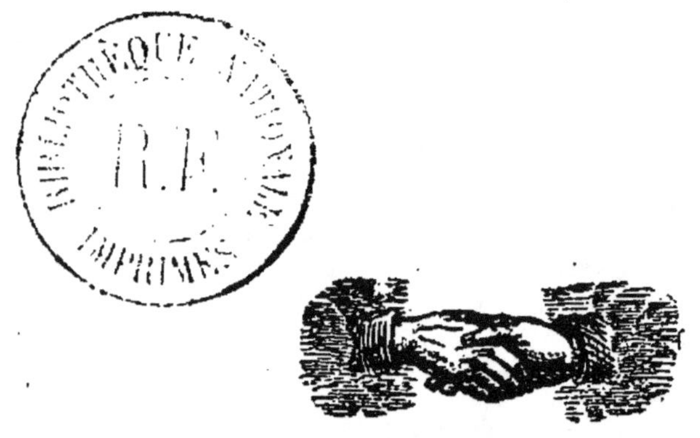

BORDEAUX

IMPRIMERIE B. DABADIE, RUE GOUVION, 20

1873

APPEL AU BON SENS

Les Menteurs.

Le peuple français est, en ce moment, circonvenu par une propagande audacieuse et dévorante, qui l'enlace comme dans les mailles d'un diabolique réseau. Nous ne sommes pas les premiers à dénoncer ce complot de toutes les passions révolutionnaires et des haines vivaces du radicalisme contre tout ce qui a pour but de ramener la France dans la voie droite de ses traditions et d'assurer la restauration de l'ordre moral et matériel.

Comme le fléau, obéissant à un sinistre mot d'ordre, a éclaté sur tous les points à la fois, de tous les points aussi s'est élevé le cri d'alarme.

C'est qu'en effet le pays entier est soumis à cette sorte d'état de siége du mensonge et de la déloyauté.

L'ouvrier, à son atelier, le laboureur, au mi-

Eh bien ! Il faut dire au peuple, il faut lui répéter sans cesse que tout ce bruit n'est que mensonge; que la cause du radicalisme, qui ne peut plus se défendre que par ces déloyales manœuvres, est une cause jugée et déshonorée.

Mais il ne suffit pas de démasquer l'imposture, nous devons encore affirmer la vérité, l'affirmer sans peur et sans faiblesse, l'affirmer partout et toujours.

C'est ce que, pour notre part, nous essayerons de faire dans cet opuscule. Puisse notre voix être entendue ! Puisse aussi notre exemple être suivi ! — Dans cette lutte engagée contre la fourbe radicale, tout conservateur vraiment digne de ce nom doit être un apôtre et un soldat.

Un soldat, toujours prêt à combattre l'imposture, un apôtre dévoué à la propagation de la vérité.

République ou Monarchie

—

Il faut choisir.

L'heure fixée par l'Assemblée nationale pour mettre fin au provisoire approche. Le 5 novembre, les députés reprendront leurs travaux ; un mois après leur rentrée, les lois constitutionnelles seront mises à l'ordre du jour, et le moment sera venu, pour les représentants du pays, de se prononcer sur la forme définitive du gouvernement.

Nous devons relever ici une erreur, nous pourrions aussi bien dire un mensonge, que les républicains et les bonapartistes propagent dans le public avec l'intention manifeste de déconsidérer la majorité conservatrice.

« Il eut été préférable, dit-on, d'ajourner la
» discussion des lois constitutionnelles, et de
» laisser se calmer les émotions qui agitent le
» pays. En précipitant ces débats, inévitable-
» ment tumultueux, les royalistes agissent avec
» une regrettable impatience.

On ajoute que « le provisoire actuel, qui n'est
» ni la République ni la Monarchie, n'a rien
» d'inquiétant » et que « le seul moyen de don-
» ner en ce moment satisfaction au sentiment

» national, serait de proroger pendant trois
» ans les pouvoirs du maréchal de Mac-
» Mahon. »

Telle est la thèse soutenue par les journaux impérialistes et par les organes de la République, et il est au moins étrange de voir les radicaux qui ont le plus crié contre la promotion du duc de Magenta à la présidence, être les plus ardents à réclamer aujourd'hui la prolongation de ses pouvoirs. Au 24 mai, ils n'avaient pas assez d'anathèmes contre le « sabre » du soldat qu'un vote parlementaire venait d'élever sur le pavois. Ce soldat ne leur inspire plus autant de méfiance, et les républicains ne sont pas éloignés de proclamer que le salut de la France est attaché à la poignée de son sabre.

Ce revirement d'opinion ne nous surprend pas. Les républicains n'ont-ils pas joué le même jeu avec M. Thiers? Au 8 février 1871, le chef du pouvoir exécutif, élu par l'Assemblée siégeant à Bordeaux, n'était pas « l'homme d'Etat illustre », dont tous les organes de la démocratie chantent la gloire. C'était « un sinistre vieillard » l'auteur des lois de septembre et de la légende en vingt volumes du bonapartisme, « l'ennemi le plus perfide de la République. » La presse républicaine ne voyait alors en M. Thiers qu' « un mauvais génie, couronnant dignement sa longue carrière d'intrigant. » Et c'est ce même homme que cette même presse accable aujourd'hui de ses plus basses flagorneries.

Que conclure de ces palinodies, sinon que le parti républicain est convaincu de sa faiblesse et de son impuissance, à moins qu'il ne se dissimule derrière une de ces grandes notabilités politiques qui exercent une certaine influence sur l'opinion. Ils ont espéré nous passer sournoisement leur République sous l'étiquette de M. Thiers; n'ayant pu y réussir, ils voudraient essayer la même tactique avec celui qu'ils appellent « *Monsieur Mac-Mahon.* » Malheureusement pour eux, heureusement pour la France, il ne dépend ni des radicaux, ni du président actuel de la République, ni des royalistes, d'ajourner le débat qui doit mettre fin au provisoire, et l'Assemblée est forcée de laisser venir à son heure la discussion des lois constitutionnelles, sous peine de se déjuger et de proclamer son impuissance devant le pays et devant l'Europe.

Il ne faut pas oublier, en effet, qu'avant de se séparer, l'Assemblée a décidé « qu'il serait procédé, dans le mois qui suivra sa rentrée, à la nomination d'une commission chargée d'examiner les projets de lois constitutionnelles distribués les 20 et 23 mai dernier. »

C'est une décision sur laquelle il n'y a pas à revenir.

Mais comment la Chambre a-t-elle été amenée à voter cette décision ?

A-t-elle, en effet, subi la pression des royalistes ?

Si l'on se reporte au compte-rendu de la séance, on verra que la motion fut votée par les républicains de toutes les nuances, depuis les radicaux extrêmes jusqu'aux tenants de la République sans républicains, appuyés, il est vrai, par quelques royalistes qui avaient hâte d'en finir. Mais il est constant qu'un groupe nombreux de députés, attachés aux principes monarchiques, firent les plus grands efforts pour reculer le moment de la mise à l'ordre du jour des lois constitutionnelles. Ils étaient convaincus, comme le rappelait récemment M. le marquis de Dampierre, qu'il y avait tout profit à donner au pays le temps de se recueillir, après la libération du territoire, et aussi de se réorganiser sous le gouvernement du chef respecté élu par l'Assemblée, le 24 mai.

Nous n'avons pas à discuter ici ces diverses opinions et à rechercher qui avait raison de ceux qui voulaient temporiser ou de ceux qui préféraient hâter la solution. Il nous suffit de bien établir que si la question est posée maintenant entre la république et la monarchie, elle l'a été par suite d'un vote auquel ont pris part tous les républicains. Cela nous paraît suffisamment démontré.

Il n'y a donc pas d'autre parti à prendre pour les députés, à quelque opinion qu'ils appartiennent, que d'aborder franchement un débat qui ne peut plus être ajourné.

Mais ce n'est pas seulement dans le sein de la Chambre que cette grave question doit s'agiter. C'est notre devoir à tous, citoyens français, de nous faire, autant que nos lumières nous le permettent, une idée exacte des deux gouvernements proposés au choix de nos mandataires. Cet examen peut paraître embarrassant pour plusieurs; mais si nous voulons réfléchir, nous verrons vite qu'il suffit, pour nous former une opinion, d'un retour sur un passé non encore éloigné.

Notre génération a vu le second Empire, la République de 1848 et la royauté de juillet. Il y a dans presque toutes les familles, à la ville comme aux champs, des hommes qui ont vécu sous la Restauration et sous le premier Empire. On rencontre encore des vieillards qui se souviennent de 93.

Nous pouvons donc, sans feuilleter les livres d'histoire, et par le seul témoignage de nos parents et de nos amis, quand le nôtre ne nous suffit pas, comparer le régime républicain et le régime monarchique, et peser les avantages et les inconvénients attachés à chacun de ces deux gouvernements.

Pour nous tous, cet examen est un devoir de conscience ; car c'est l'existence même de notre patrie qui est question.

La République

Les républicains ne séparent pas la République de la Révolution. Ils ont raison; en France, celle-là a toujours été la conséquence de celle-ci, et c'est sous la forme républicaine que la Révolution a commis ses plus grandes scélératesses.

Il y a néanmoins des révolutionnaires qui se disent attachés à la forme monarchique et qui ont la prétention d'allier ce qui s'exclut, le fait et le droit, le principe d'hérédité et la souveraineté du nombre, la stabilité du pouvoir et les constitutions plébiscitaires.

Les premiers sont conséquents; l'erreur des seconds est d'attribuer à la Révolution tous les progrès politiques de ce siècle, et de croire que la France ne peut pas rentrer dans la voie de ses traditions, sans compromettre les droits acquis et les conquêtes de 89.

La Révolution n'est, quoi qu'on en dise, la véritable cause d'aucun progrès. Pour soutenir le contraire, il faudrait lire l'histoire au rebours. Il est bien vrai que nos libertés constitutionnelles, notre égalité civile d'où découlent nos droits politiques, appartiennent à 89; mais on oublie que 89 a été un mouvement, non de révolution, mais de réforme, et que ces libertés furent le testament de Louis XVI et le dernier bienfait de la Royauté.

Voilà l'histoire vraie.

Nous aurons à revenir sur l'erreur des monarchistes révolutionnaires; la tâche que nous nous imposons en ce moment ne va pas jusque là; elle se borne à prouver, par les faits de l'expérience, les dangers de cet autre gouvernement de Révolution qui s'appelle la République.

93

Nous connaissons la République; nous la connaissons trop bien et nous savons depuis longues années ce qu'elle vaut et ce qu'elle nous a coûté. L'essai que nous en faisons depuis le 4 septembre 1870 ne nous a rien appris de nouveau sur un régime qui avait déjà donné sa mesure en 1793 et en 1848.

La première République devint la *Terreur* de Robespierre, les *massacres* de Danton, les *noyades* de Carrier.

La presse démocratique parle beaucoup, depuis quelques mois, de féodalité et d'ancien régime. Il y a un ancien régime mille fois plus exécrable que celui qui précéda 1789, et dont les républicains n'aiment pas qu'on rappelle le souvenir. Force nous est pourtant d'en parler.

C'est l'ancien régime révolutionnaire.

Il y avait alors, en France, deux peuples :

D'abord, le peuple de la Révolution, composé de tous les gens tarés, des repris de justice, des rodeurs de carrefours et de barrières, enrolés par les chefs et payés suivant leur degré de scélératesse. Ce peuple-là assistait aux séances de la Convention, de la Commune, du tribunal révolutionnaire et des clubs. Il accompagnait les

victimes à l'échafaud en les insultant, puis pas-
sait à la section pour recevoir sa paie.

Il y avait ensuite le vrai peuple, celui qui tra-
vaille ; mais celui-là était suspect à l'autre qui le
lui faisait bien voir.

Un peuple de massacreurs à gages et un peuple de massacrés.

La Révolution guillotina les prêtres et les nobles, sans doute, mais ce serait une erreur de
croire qu'elle fit grâce aux ouvriers et aux paysans. (1)

---

(1) Voici une curieuse statistique trouvée dans une
collection de pièces historiques de M. Terwecoren :

Paysans du Poitou et de la Bretagne condamnés à mort	3,195
Ouvriers, maçons, charpentiers, charrons, tailleurs, forgerons, etc.	2,212
Petits propriétaires, petits rentiers	1,273
Laboureurs, garçons de charrue	778
Prêtres, religieux	767
Soldats	715
Femmes, filles, servantes, couturières	708
Nobles, émigrés revenus en France	639
Avocats, procureurs, notaires, huissiers	585
Fabricants, négociants, commis-marchands	539
Domestiques, cuisiniers, valets de chambre	244
Aubergistes, cabaretiers, marchands de vin	156
Médecins, chirugiens	76
Matelots	75
Instituteurs (laïques)	49
Hommes de lettres	46
Comédiens	21
Chiffonniers	2
Total	12,080

Le peuple n'a-t-il pas raison de crier « Vive la République! »

Il résulte de statistiques authentiques que sur trois victimes de la Révolution il y a eu deux ouvriers, et que sur 12,080 personnes exécutées, dans une partie seulement de la France, le peuple en a fourni 7,965, c'est à-dire les deux tiers

Voilà l'ancien régime révolutionnaire.

Ce n'est pas tout; on crie contre les droits féodaux, et, pour notre part, nous serions les ennemis implacables d'une royauté assez folle pour tenter de les faire revivre. Mais la Révolution qui se vantait de les avoir abolis sut bien les ressusciteret les exagérer pour son usage personnel.

Ainsi à Pamiers, le proconsul Vadier jette au bourreau un père qui refuse de lui livrer sa fille.

A Luçon, le proconsul Huché force une jeune fille à aller cueillir une salade dans un jardin où il venait de faire fusiller son père, et lui crie : « Coquine, si tu n'y vas pas, je t'attacherai les pattes, je te ferai déshonorer par mes soldats et fusiller après.»

Parlerons-nous de Montchauffé, chef suprême de l'arrondissement de Largentière, dans l'Ardèche ? Un jour, apercevant une fille occupée à ramasser des plantes dans un champ, il court à elle et veut en abuser. La jeune fille résiste à ses violences. Ne pouvant vaincre sa résistance, il l'étend morte à ses pieds et jette son cadavre dans un puits.

Voilà encore l'ancien régime révolutionnaire.

Vous voyez que la République avait aussi son droit de *jambage*, qui n'avait rien à envier à celui de la féodalité.

✴ ✴ ✴

Et qu'on ne dise pas que ce sont des faits isolés, dont on ne peut tirer aucune conclusion générale ni contre la Révolution ni contre la République de 93; les mêmes atrocités se reproduisaient partout; chaque district avait son Montchauffé : Fréron à Marseille; Carrier à Nantes; Dumont à Rouen; Tallien à Bordeaux; Léonard Bourdon à Orléans; Maignet à Orange; Jean Bouet à Rennes; Lequin à La Rochelle; Schneider à Strasbourg ; Laignelot à Brest; Bourbotte à Metz; Albitte à Bourg; Fauvety à Nîmes, etc., etc.

Concussions, pillage, luxure, raffinement de cruautés, telle fut la République de 93; ne sommes-nous pas autorisés à dire que ce fut une république d'assassins, de débauchés et de buveurs de sang ?

1848—1870.

Nous avons vu ce que fut la République de 93. On a dit longtemps que le retour de pareilles horreurs était impossible ; mais la République tient à ne pas laisser s'accréditer cette bonne opinion qu'on voudrait avoir d'elle, et chaque fois qu'elle est apparue, elle a eu à cœur de prouver qu'elle était, aujourd'hui comme il y a quatre-vingts ans, l'anarchie, le pillage, l'assassinat, et pour tout dire en un mot : la Terreur.

D'ailleurs, les républicains de 1848 et de 1870 se gardent bien de répudier cette solidarité. On les diminuerait dans leur propre estime en pensant qu'ils ne procèdent pas des hommes de 93, qu'ils appellent leurs *ancêtres géants*. C'est pour bien constater cette filiation que les révolutionnaires de notre époque ont consacré leur talent à réhabiliter les assassins et les guillotineurs. M. Michelet a élevé un piédestal à Danton ; M. Louis Blanc s'est fait le panégyriste de Robespierre ; Anacharsis Clootz a été canonisé par M. Avenel, tandis qu'un certain Bougeart déifiait Marat et que l'infâme Hébert était exalté par le communard Tridon.

Ce n'était pas assez de tirer tous ces noms maudits des gémonies, il fallait encore faire l'apologie de la Terreur : il s'est trouvé des écrivains qui ont élevé la guillotine à la hauteur d'un principe.

⁂

Un ancien représentant du peuple de 1848, digne fonctionnaire du 4 septembre, a publié, il y a quelques mois, un ouvrage intitulé : *Le Livre de la Montagne*, qui n'est qu'un audacieux panégyrique des hommes et de la République de 93.

Voici un passage de ce livre :

« Nous écrivons, dit-il, pour relever de la
» proscription qui tomba sur elles, avec le cou-
» telas de la guillotine, les hautes têtes des
» *saints* de la Montagne.

» Les apôtres de 93 sont les martyrs de notre
» liberté. Respect aux saints ! Gloire aux morts
» qui meurent comme eux !

» La Terreur était véritablement un systè-
» me. Ce n'était ni colère aveugle, ni justes
» représailles. C'était un parti pris fortement et
» résolument, une manifestation violente, *mais*
» *légitime*, de la souveraineté du peuple, remise
» aux mains de quelques hommes agissant pour
» lui...

» *Il ne faut pas blâmer ceux qui* sauvèrent la
» France par la guerre et le sang ; mais, bien au
» contraire, *les remercier* de ce qu'ils voulurent

» prendre sur eux-mêmes *la responsabilité du*
» *meurtre et de ce qu'on appelle crime.*

» Le Comité de Salut prit un parti sage : *la*
» *guillotine !...* Et c'est plaisant de voir comment
» on ose crier si fort imprudemment contre des
» exécutions de guillotine, qui purgèrent la terre
» d'aristocrates et de négociants, trafiqueurs de
» remuements politiques, pour asseoir définiti-
» vement le règne de la morale et de l'éga-
» lité !... »

Nous demandons ce que peut être la République, quand elle est dirigée par des hommes qui
regardent Robespierre, Danton, Marat, Hébert
et tous les terroristes comme des saints.

* * *

Aussi ne s'en cachent-ils pas.

La République, dit M. Louis Blanc, c'est « le
socialisme. »

La définition est peut-être un peu obscure,
mais cettte République s'est fait connaître elle-
même pendant les journées de juin 1848.

Un autre dit : la République c'est le « fu-
sil. »

Ceci est plus clair.

M. Ordinaire s'écrie : « la patrie disparaît devant la République. » Quelqu'un avait dit avant
lui : « Périsse la France plutôt que la République. »

Un orateur du Creuzot demande qu'on installe la guillotine sur la place publique et «qu'on coupe le cou à tous les réactionnaires. »

« Que voulez-vous ? dit le citoyen Cluseret, »la destruction de la bourgeoisie ? On ne discute »pas avec ce qu'on veut détruire.»

Un autre, enfin, renchérissant sur tant de férocité, ajoute : « Il existe une espèce de bour- » geois qui tient de près à la bestialité. A celui- » là, la Révolution ne coupera pas la tête ; elle lui arrachera le ventre. »

Voilà ce que les républicains français font de la République.

⁂

Les faits sont d'accord avec les maximes.

La République de 1848 eut son insurrection de juin.

La République de 1870 a eu sa Commune, dont l'assassinat des ôtages et l'incendie de Paris ne sont que des épisodes. Son histoire est encore écrite sur nos ruines.

⁂

En France, la République a toujours été inséparable de l'anarchie. Deux fois, elle a livré la France au despotisme impérial et, deux fois, elle a eu pour couronnement l'invasion et le démembrement, ajoutant à la guerre étrangère ce guerres fratricides qu'un ancien appelait des guerre inexpiables.

La République conservatrice, rêvée par quelques utopistes, n'échapperait pas à cette destinée. Nous l'avons vue descendre, avec M. Thiers, les pentes du radicalisme. Déjà étaient apparus les envoyés des nouvelles couches sociales, et nous savons tous que lorsque les Barodet et les Challemel-Lacour apparaissent, les fusillades s'apprêtent et que César n'est pas loin.

Après une autre Commune, l'Empire serait inévitable, et l'Empire, ce serait encore l'invasion et la perte de quelques provinces avec de nouveaux milliards à payer à l'étranger.

Nous savons bien que certains esprits, plus honnêtes que clairvoyants, se bercent encore de l'espoir de préserver la République de ses propres excès; mais ils comptent sans les républicains.

Ce qui se passe, depuis quelques mois, l'alliance scellée entre M. Thiers et les radicaux, les hommages et les adulations prodigués à l'ancien président par ceux-là mêmes dont, au mois de février 1871, il flétrissait la politique, en termes si énergiques, par les « fous furieux » enfin, tout cela n'est-il pas de nature à nous faire comprendre que la *République sans les républicains* a fait son temps, et qu'il n'y a plus à choisir qu'entre la République radicale et la Monarchie ?

Un journal qui a longtemps, été dévoué à la politique de M. Thiers et qui n'est d'ailleurs suspect ni de royalisme ni de cléricalisme, le *Journal des Débats* disait récemment qu'en France, République et Commune c'est toujours la même chose. Cette parole, vraie quand elle s'applique à la République du passé, ne cesserait pas de l'être par rapport à la République de l'avenir.

La seule République possible désormais est la République des radicaux, celle qui a pour cri de ralliement : *Vive l'anarchie !* celle dont un membre de l'Internationale, Ostin, résumait ainsi le programme dans une session du dernier congrés de Genève : *Il faut d'abord détruire cette odieuse société; après quoi nous fonderons quelque chose qui sera l'universelle fraternité et le divin collectivisme.*

Et nous hésiterions à nous prononcer ! Nous livrerions, de gaîté de cœur, à cette bande insensée, avec la fortune du pays, nos institutions nationales, nos libertés civiles, religieuses et politiques, quand nous avons sous la main un gouvernement régulier, seul capable de nous garantir ces biens inestimables !

Nous augurons mieux du bon sens des Français.

___

Réforme et Révolution.

—

Née d'un grand mouvement national, la révotion aboutit à la barbarie.

Après avoir, pendant quatre vingts ans, livré la France aux tourmentes et aux agitations, tout ce qu'elle peut nous offrir, en compensation de la paix sociale et du progrès politique peut-être à jamais compromis, c'est l'état sauvage et le cannibalisme, Quatre-vingt-treize et la Commune, la guillotine et le pétrole.

Ses apologistes ont beau nous vanter ses bienfaits, c'est là tout le bilan de la Révolution. Elle n'a pas fait faire un pas à la liberté et il n'est pas un seul des « droits acquis » dont elle n'ait retardé le développement.

Il s'agit donc maintenant, non pas de nier ce qu'on appelle improprement « les conséquences de la Révolution » de 1789, mais, au contraire, de reprendre le mouvement même de 1789, ce mouvement généreux d'un peuple vers la liberté, qui fut faussé par l'ambition effrénée des novateurs.

Ce sont ces grands horizons que les Manifestes de Monsieur le comte de Chambord ouvrent à la France.

Reprenant l'œuvre de transformation politique et sociale qui marqua cette époque mémorable, le prince entend conserver de la révolution tout ce qu'elle a de bon et repousser tout ce qui est crime.

L'histoire, l'histoire *vraie*, nous apprend, en effet, qu'il y eut, en 1789, deux mouvements ayant chacun un caractère différent et contraire.

La révolution, à son aurore, fut un grand et beau mouvement de réforme, auquel tous les esprits honnêtes, dans toutes les classes de la société, Noblesse, Clergé, Bourgeoisie concouraient, avec une admirable émulation, et dont les vœux étaient déposés dans les Cahiers des bailliages, monument immortel élevé à la liberté par six millions de français.

L'histoire n'offre aucun exemple semblable d'une nation si spontanément unanime dans le sacrifice, « voulant opérer sur elle-même la réforme de ses abus et la réalisation de ses progrès. »

La Noblesse, immolant de grand cœur les priviléges qu'elle tenait d'un régime vieilli, renon-
çait à ses immunités pour tous impôts votés par
les représentants du pays. Elle demandait la liberté de la presse, « sous la seule condition, im-
posée à chaque auteur, de mettre son nom au titre de son ouvrage ou de le déclarer à l'impri-
meur. »

Il faut citer, pour l'édification de nos démocrates, ce vœu de la Noblesse de Guienne :

» La liberté de la presse étant aux affaires pu-
» bliques ce qu'est une discussion libre dans les
» intérêts particuliers, les députés insisteront sur
» l'abolition de toute censure, et aviseront aux
» moyens les plus convenables pour garantir des
» atteintes de la *licence* la religion, les mœurs et
» l'honneur du citoyen. »

Les partisans les plus bruyants de la liberté de
la presse ont-ils, encore aujourd'hui, de plus larges aspirations ?

Le Clergé réclamait des Etats-Généraux élus,
« élément indispensable du pouvoir législatif, »
la gratuité de l'enseignement, l'égalité de l'impôt,
des garanties pour la liberté individuelle, pour le
secret des lettres, la responsabilité des ministres
et des agents de l'administration, la réforme et
l'unité de la justice.

Du 15 au 31 mars 1789, les trois Ordres, Clergé, Noblesse, Tiers-Etat, enregistrent ces vœux qui sont l'expression des vrais principes de 89.

Ces principes ne sont donc pas, comme on le croit, le fruit de la Révolution, ils se dégagent du passé de la France et de la Royauté elle-même. Ce sont des vérités venues à terme à leur heure, mais qui avaient été précédemment élaborées par la civilisation chrétienne.

C'est aussi la somme de libertés et de droits dont nous jouissons ; la révolution n'y a rien ajouté, que ses crimes.

*
* *

Ce mouvement était ce que nous appelons la Réforme, c'est-à-dire la transformation de ce qui existait.

La Révolution ne se contenta pas de réformer la société ; elle voulut la *refaire* et elle commença par tout détruire, oubliant qu'on n'opère que sur ce qui est et non sur le néant.

Dès lors, le mouvement fut faussé ; et la révolution devint la violation de tous les droits ; violation de la liberté individuelle et de l'égalité civile à peine écloses, violation de la propriété, violation des droits de la conscience, violation du plus sacré de tous les dons de Dieu : la vie humaine.

Ce n'était pas assez ; la Révolution sema en-

core à pleines mains, dans la société, ces germes
de discorde qui sont le fléau du monde moderne;
car, comme le dit quelque part M. Léonce de
Lavergne, « le plus grand mal de la Révolution,
ce n'est pas d'avoir versé à flots le sang de la
nation entière, c'est d'avoir jeté entre les élé-
ments de la société française des souvenirs de
haine et de vengeance qui empêchent encore un
rapprochement dans l'intérêt commun. »

Ici apparaît la nécessité de l'œuvre répara-
trice que Monsieur le Comte de Chambord con-
vie tous les Français à accomplir, quand il leur
dit :

« Dieu aidant, nous fonderons ensemble et
» quand vous le voudrez, sur les larges assises
» de la décentralisation administrative et des
» franchises locales, un gouvernement conforme
» aux besoins réels du pays. Nous donnerons
» pour garantie à ces libertés publiques le suf-
» frage universel honnêtement pratiqué et le
» contrôle des deux Chambres, et nous repren-
» drons, en lui restituant son véritable caracté-
» re, le mouvement national de la fin du siècle
» dernier. »

Monsieur le comte de Chambord veut assurer
à la France les bienfaits de la Réforme et arrêter
la Révolution.

Pour nous servir des expressions de M. Emile Montagut, dans la *Revue des Deux-Mondes*, la Réforme est le *lait* de 89, la Révolution en est le *pus*.

Monsieur le comte de Chambord recueille précieusement le *lait* de la Réforme ; mais il repousse, de toute l'énergie de son âme royale et française, le *pus* révolutionnaire.

La Monarchie

C'est donc la tradition libérale de 1789 que M. le comte de Chambord veut reprendre avec la France, mais en lui restituant son véritable caractère. Ses déclarations répondent suffisamment aux reproches de ceux qui l'accusent, avec une évidente mauvaise foi, de vouloir nous ramener à l'ancien régime.

Répudiant la Révolution, qui n'a commis que des crimes, le prince entend continuer ce mouvement réformiste dont la royauté et les hommes éclairés de la nation avaient pris l'initiative et qui a été arrêté par les Jacobins et les bandits de la Convention et de la Commune.

Et qu'on ne s'y trompe pas, ce développement progressif de nos libertés, c'est toute la démocratie, car c'est la nation tout entière, et non pas

une partie de la nation désignée sous le nom de
« peuple », c'est la France elle-même qui, de
concert avec le roi, élève de ses propres mains
l'édifice de ses libertés et de ses droits.

Le rétablissement de la royauté, loin d'être la
négation des vrais principes de 89, en serait
au contraire, l'affirmation la plus sincère, comme
nous le démontrerons plus loin.

Quand nous parlons de royauté traditionnelle,
nous excluons, bien entendu, la monarchie absolue, dont les partisans, si tant est qu'on en
rencontre, ne comptent pas dans le grand parti
royaliste. La monarchie absolue ou césarisme ne
nous répugne pas moins avec un roi qu'avec un
empereur.

La monarchie que nous demandons et que
Monsieur le comte de Chambord peut seul nous
donner est une monarchie fondée sur les vrais
principes du gouvernement représentatif, principes reconnus, non seulement par les légitimistes
et les orléanistes, mais encore par tous les républicains modérés.

Ces principes sont en substance :

Suffrage universel honnêtement pratiqué;
Responsabilité ministérielle;

Vote de l'impôt et contrôle des actes du gouvernement par les représentants élus de la nation;

Egalité devant la loi;

Liberté de conscience;

Séparation de l'ordre civil et politique;

Admissibilité pour tous les citoyens à tous les emplois et à tous les avantages sociaux.

Tel est le gouvernement que nous souhaitons; les républicains modérés n'en souhaitent point d'autre.

La seule différence qui nous sépare vient donc de ce que nous voulons mettre un roi à la tête de ce gouvernement, tandis que les républicains y placent un président.

Nous avons sur eux l'avantage de préserver le pays de l'agitation qui accompagne toujours les élections présidentielles.

Nous développerons plus loin le programme politique de Monsieur le comte de Chambord. Nous nous bornons ici à bien constater que la France, fatiguée de révolutions, ne veut pas la République, qui est la révolution en permanence; et qu'ayant à rétablir la monarchie, elle ne peut et ne doit accepter que la monarchie légitime, toutes les autres n'étant et ne pouvant être qu'un compromis entre la révolution et les instincts conservateurs du pays.

Nous ne voulons recommencer ni les illusions ruineuses de l'empire, ni les erreurs de 1830. Nous avons de plus utiles enseignements à retirer de quarante ans d'expérience, et il nous est trop clairement prouvé aujourd'hui qu'aucune des institutions bâtardes qui ont prétendu remplacer la royauté n'a pu continuer la tâche glorieuse de la vraie monarchie.

L'entrevue de Froshsdorff

Les princes d'Orléans ont trouvé dans leur patriotisme l'intelligence de la situation que les événements nous ont faite.

Ils ont compris que le règne de Louis-Philippe, malgré d'incontestables services rendus au pays, participait trop à la stérilité dont la révolution frappe tout ce qu'elle engendre, et que l'orléanisme ne pouvait pas sauver la France.

Il ne s'agit pas, en effet, de procurer à notre patrie, un repos précaire de quelques années, repos qui serait inévitablement suivi de nouvelles catastrophes.

Il s'agit de la conduire à « l'unique port de

salut » où elle soit assurée de trouver une sécurité durable.

Donc, les princes d'Orléans, renonçant à leur titre de prétendants, et se souvenant des paroles de Louis-Philippe, à son lit de mort, ont supprimé le fait révolutionnaire de 1830 et sont devenus les premiers restaurateurs, les plus fermes soutiens et les héritiers du « droit monarchique. »

La division qui partageait la Monarchie française en deux partis et créait deux prétendants au trône, a cessé le 5 août 1873, jour où M. le comte de Paris, rendant visite au petit-fils de Charles X, saluait en lui, au nom de tous les membres de sa famille et en son nom, « non-seulement le chef de leur maison, mais encore le seul représentant du principe monarchique en France. »

Monsieur le comte de Chambord, dans sa lettre à M. de Rodez-Bénavent, député de l'Hérault, a solennellement consacré le résultat de cette entrevue, quand il a dit :

« Quant à la réconciliation si loyalement ac-
» complie dans la Maison de France, dites à ceux
» qui cherchent à dénaturer ce grand acte, que

» tout ce qui s'est fait le 5 août a été bien fait,
» dans l'unique but de rendre à la France son
» rang, et dans les plus chers intérêts de sa
» prospérité, de sa gloire et de sa grandeur. »

Depuis le 5 août, l'année 1830 existe encore dans le calendrier et dans l'histoire, mais le régime qu'elle rappelle est effacé, comme l'a dit le *Journal des Débats*, du répertoire des constitutions; et s'il convient à la France de se donner un roi, elle n'en a plus qu'un devant elle, comme il n'y a plus qu'une Monarchie.

Une Monarchie, la Monarchie légitime et traditionnelle.

Un roi, l'héritier direct des rois de France : Henri V.

★ ★ ★

Henri V

—

Savez-vous ce qu'est Henri V, vous pour qui ce nom est synonyme d'ancien régime, de féodalité, de despotisme et d'inquisition?

Les révolutionnaires vous disent que Henri V est un inconnu, et même un étranger, élevé loin de la France, et qui ne sait rien ni de son histoire contemporaine, ni de ses mœurs, ni de ses intérêts, ni de ses aspirations.

Henri V n'est rien de tout cela; il est tout l'opposé.

C'est d'abord l'héritier de nos rois, le petit-neveu de Louis XVIII, le petit-fils de Charles X.

Comment le descendant de ceux qui ont fait la France serait-il un étranger parmi les Français?

Henri V n'est pas un étranger, c'est un fils de France, très attaché à son pays, l'aimant passionnément, initié à toutes les traditions de sa politique, à sa littérature, à ses beaux-arts, aux besoins de son commerce et de son industrie.

Ce n'est pas seulement un Français de cœur et d'âme, c'est un Parisien dans la meilleure acception du mot.

Henri V a été élevé dans l'exil, cela est vrai,

mais il est né en France, en 1820, et nos plus grands poètes ont chanté sa naissance.

C'est de lui que Lamartine disait en son mélodieux langage, en faisant allusion à l'assassinat du duc de Berry, son père :

> Coupez le tronc, frappez encore !
> Plus vous retranchez de rameaux,
> Plus l'arbre sacré voit éclore
> Des rejetons toujours nouveaux !

Et Victor Hugo :

> Il est né, l'enfant glorieux,
> L'ange que promit à la terre
> Un martyr partant pour les cieux.

Pendant que les plus nobles intelligences saluaient la naissance de « l'enfant glorieux », pour nous servir des expressions de Victor Hugo, les peuples, s'associant à l'allégresse de la France, l'appelaient déjà « l'enfant de l'Europe » et voyaient dans ce berceau un gage de stabilité pour les trônes et de bonheur pour les nations.

Il reçut le nom de duc de Bordeaux.

Dix ans plus tard, la révolution de 1830 éclatait ; l'enfant « glorieux » devenu l'enfant «du malheur », suivait son auguste famille dans l'exil.

M. Odilon-Barrot accompagna Charles X à la

frontière. L'histoire raconte qu'au moment de prendre congé du roi, il dit à Sa Majesté, en lui montrant le jeune prince :

« Sire, veillez sur cet enfant, la France aura besoin de lui.»

Les faits ont vérifié ces pressentiments et le moment est venu pour la France, après tant et de si accablantes épreuves, de tourner ses regards vers cette terre d'exil, gardienne de ses plus précieuses espérances et de sa suprême ressource.

Mais « l'enfant » a répondu, lui aussi, aux vœux de sa patrie et l'orphelin des rois, comme l'appelait Châteaubriand, est devenu le gage du salut des peuples.

Pendant quarante ans, le duc de Bordeaux, qui, depuis la mort de Charles X, s'appelle le comte de Chambord, du nom du château dont la France lui a fait hommage, n'est pas seulement resté Français, ami de la liberté et roi, il a su encore se faire une gloire de plus de la noblesse avec laquelle il a supporté l'exil : exil fécond, d'ailleurs, entièrement consacré au bonheur de la patrie absente.

« Toutes mes pensées se reportent à la France », lisons-nous dans une de ses lettres. « Quand je m'instruis, c'est pour mériter son estime; si je veux être bon, vaillant, généreux, c'est pour mériter son amour. Son souvenir me tient lieu de plaisir, de repos, de bonheur.»

* *

Après avoir reçu une éducation très soignée et très solide, appropriée à son époque et à la mission qui lui était réservée, Monsieur le comte de Chambord a complété ses études par des voyages dans les principales contrées de l'Europe et de l'Asie, ne séparant jamais, dans ses recherches, la science littéraire et artistique de la science politique, administrative, industrielle et commerciale, de tout ce qui constitue la science de l'État.

L'étude des problèmes sociaux que pose la situation actuelle, non-seulement en France mais dans l'ancien et le nouveau Monde, ont surtout occupé une grande place dans les méditations de l'auguste exilé.

La question ouvrière lui a toujours inspiré le plus profond intérêt ; les ouvriers furent constamment les visiteurs que, dans tous ses voyages, il accueillait avec le plus d'empressement.

Qui donc oserait dire que Henri V est un étranger pour nous ?

Nous nous expliquons très bien que la Révolution ne l'aime pas. La Révolution est devant l'héritier de Louis XVI et de Charles X comme le bourreau en présence du fils de sa victime.

Mais ce qui est plus étrange, c'est que la Révolution reproche à Henri V ses longues années passées sur la terre étrangère et qu'elle fasse un crime à l'exilé du malheur dont elle l'a frappé !

⁎ ⁎ ⁎

Continuateur de l'œuvre de Louis XVI, accrue de tous les progrès réalisés depuis quatre-vingts ans, Monsieur le comte de Chambord a pour mission de réconcilier l'ancienne France avec la France moderne, d'allier, dans sa politique, les souvenirs du passé avec les réalités du présent.

C'est une grande et belle mission.

Il nous reste à examiner le programme que le prince a tracé lui-même de la Monarchie et à voir s'il est d'accord avec celui que lui imposent les événements.

PROGRAMME DE LA MONARCHIE

TRACÉ PAR M. LE COMTE DE CHAMBORD

—

Le programme politique de Monsieur le comte de Chambord, de ce prince que la voix populaire, devançant les décisions de la représentation nationale, désigne déjà sous le nom de Henri V, est tout entier dans ses lettres et dans ses manifestes.

C'est là qu'il faut aller chercher la pensée royale, si on désire la posséder dans sa sincérité.

Les journaux républicains ne se donnent pas cette peine. Ils discourent à perte de vue sur le pouvoir absolu, la féodalité, l'ancien régime, le gouvernement des prêtres, l'abolition du suffrage universel, et autres inventions.

Il n'en est pas un qui ait assez de conscience pour mettre sous les yeux de ses lecteurs l'opinion vraie de Monsieur le comte de Chambord sur ces divers sujets.

C'est bien le moindre de leurs soucis.

Ils ne cherchent pas la vérité; quand ils la rencontrent, ils sont moins pressés de lui rendre hommage que de l'étouffer sous leurs clameurs.

Égarer l'opinion, exploiter le préjugé et l'ignorance, opposer le sophisme et la passion au bon sens et à la vérité, voilà leur unique but.

Nous croyons donc devoir répondre aux critiques malveillantes et aux assertions mensongères par les déclarations nettes et explicites de Monsieur le comte de Chambord, déclarations puisées aux sources les plus sûres et aux textes les plus authentiques.

§ 1er. — *Pouvoir exécutif.*

C'est une erreur généralement accréditée dans la presse radicale que M. le comte de Chambord a la prétention de se faire attribuer un pouvoir sans limites.

« Le despotisme le plus aveugle, disent ces
» journaux, l'état de siége étendu à toute la
» France, voilà à quels soutiens M. le comte de
» Chambord serait obligé d'avoir recours pour
» s'assurer un semblant d'obéissance. »

Remarquons que ceux qui tiennent ce langage, raisonnent absolument comme si Henri V avait conçu le dessein de monter sur le trône par un coup de violence, au mépris des lois et contre le gré de la nation.

Cette supposition, à laquelle d'ailleurs personne ne croit, est absolument contraire à l'idée que les hommes raisonnables et impartiaux, à quelque parti qu'ils appartiennent, se sont faite de Monsieur le comte de Chambord, d'après sa conduite et son attitude, à travers nos révolutions.

La Monarchie sera nationale ou elle ne sera pas; le pouvoir qu'elle confiera au roi sera donc nettement défini et limité par les lois et par les droits de la nation.

M. le comte de Chambord a, du reste, répondu d'avance à ces absurdes assertions.

Dès 1844 le prince écrivait à M. Hyde de Neuville :

« Je regarde les droits que je tiens de ma » naissance comme appartenant à la France. »

A Berryer, le 15 janvier 1849 :

« Ces droits, je ne les ferai jamais valoir que » dans l'intérêt de ma patrie. »

Au vicomte de Saint-Priest, le 22 janvier 1848 :

« J'ai hautement manifesté ma conviction

» que le bonheur de la France ne pouvait être
» assuré que par l'alliance sincère des principes
» monarchiques, *avec les libertés publiques.* »

Le 8 mai 1871, à un membre de l'Assemblée
nationale :

« On dit que je veux me faire décerner un
» pouvoir sans contrôle. Plût à Dieu qu'on n'eût
» pas accordé si légèrement ce pouvoir à ceux
» qui, dans les jours d'orage, se sont présentés
» sous le nom de sauveurs; nous n'aurions pas la
» douleur de gémir aujourd'hui sur les malheurs
» de la patrie.
» Ce que je demande, c'est de travailler à la
» régénération du pays, c'est de donner l'essor à
» toutes ses aspirations légitimes; c'est, à la
» tête de toute la Maison de France, de présider
» à ses destinées, en soumettant avec confiance
» les actes du Gouvernement au sérieux contrôle
» des représentants élus. »
Le prince disait dans cette même lettre :
« Je n'ai ni injure à venger, ni ennemi à écar-
» ter, ni fortune à refaire, sauf celle de la Fran-
» ce; et je puis choisir partout les ouvriers qui
» voudront loyalement s'associer à ce grand ou-
» vrage.»

Citons encore ces passages significatifs de la proclamation du 5 juillet 1871 :

« Dieu aidant, nous fonderons *ensemble* et
» quand vous le voudrez, sur les larges assises
» de la décentralisation administrative et des
» franchises locales, un gouvernement conforme
« aux besoins du pays.»

Comment donc un gouvernement fondé de concert avec les mandataires de la nation, sur les larges assises de la décentralisation administrative et des franchises locales, et dont tous les actes seront soumis au sérieux contrôle des représentants élus, comment un pareil gouvernement pourrait-il être un « despotisme aveugle ?»

Nous posons la question aux lecteurs de bonne foi.

§ 2. — *Pouvoir législatif.*

En recueillant les maximes de gouvernement monarchique, professées par M. le comte de Chambord, nous éprouvons quelque satisfaction d'avoir à consulter des documents qui remontent à plusieurs années ; et, en rapprochant ces déclarations déjà anciennes de celles que le prince a consignées dans ses récents manifestes, nous sommes plus heureux encore de pouvoir prouver que l'attachement de Henri V a tout ce qui constitue « le gouvernement libre » ne date pas d'hier, que c'est un plan de politique sérieusement mûri et arrêté, et que pas une de ces paroles n'a été dite ou écrite pour « les besoins de la cause. »

C'est quelque chose d'admirable que cette unité dans des déclarations qui, depuis plus de vingt ans, sont exprimées sous les formes et dans les circonstances les plus diverses, qui ne se contredisent jamais et se prêtent, au contraire, les unes aux autres un mutuel appui.

Nous avons montré avec quelle hauteur de vues M. le comte de Chambord a conçu la constitution et le fonctionnement du pouvoir exécutif; ses idées sur le pouvoir législatif ne sont ni moins larges ni moins libérales.

En tout et toujours, nous voyons l'homme « pénétré des besoins de son temps », l'homme qui, en suivant ce que sa raison et son cœur lui dictent pour sa patrie, se trouve d'accord avec les meilleures théories des libertés modernes.

Le pouvoir législatif est suffisamment défini dans ce passage de la lettre du 8 mai 1871 que nous avons déjà cité :

« Ce que je demande... c'est de présider aux
» destinées de la France, en soumettant avec
» confiance les actes du gouvernement au sé-
» rieux contrôle des représentants élus. »

Les représentants élus, c'est la Chambre des
députés.

Monsieur le comte de Chambord insiste, dans
toutes ses lettres et dans tous ses manifestes,
sur cette libre représentation de la nation.

En 1856, époque qui n'était guère aux idées
libérales, avant même que M. Thiers, qui n'é-
tait pas alors l'allié des impérialistes et des radicaux, eut formulé le programme des *libertés*
nécessaires, le prince écrivait :

« Je n'ai rien à ajouter aux nombreuses ma-
» nifestations que j'ai faites de mes disposi-
» tions. Elles sont toujours les mêmes et ne
» changeront jamais. Exclusion de tout arbi-
» traire; le règne et le respect des lois; l'honnê-
» teté et le droit partout; le pays *sincèrement*
» *représenté*, votant l'impôt et concourant à la
» confection des lois; les dépenses sévèrement
» contrôlées..... »

Dans la lettre adressée en 1866 à M. de Saint-Priest, lettre qui fut saisie par le gouvernement impérial, le prince disait :

« Vous savez depuis longtemps les vœux que
» ma raison et mon cœur me dictent pour ma
» patrie. Est-il besoin de vous le redire ici ? Un
» pouvoir fondé sur l'hérédité monarchique,
» respecté dans son action, sans faiblesse comme
» sans arbitraire, le gouvernement représentatif
» dans sa puissante vitalité, les dépenses publi-
» ques sérieusement contrôlées...»

Le 15 novembre 1869, il dit encore :

« La France réclame à bon droit les garanties
» du gouvernement représentatif, loyalement et
» honnêtement pratiqué *avec toutes les libertés*
» *et tous les contrôles nécessaires...* Un gouverne-
» ment qui fait de l'honnêteté et de la probité
» politique la règle invariable de sa conduite,
» loin de redouter cette garantie... doit, au con-
» traire, la rechercher sans cesse.»

Enfin Monsieur le comte de Chambord disait dans son manifeste du 5 juillet 1871 :

« Nous donnerons pour garantié aux libertés
» publiques, auxquelles tout peuple chrétien à
» droit, le contrôle des deux Chambres.»

Y a-t-il, en tout cela, quelque chose qui ressemble à l'ancien régime, au gouvernement des prêtres et des nobles ?

Y a-t-il, dans un gouvernement de cette nature, la plus petite place pour l'absolutisme et pour le personnalisme ?

Un pouvoir exécutif, enfin, dont tous les actes sont soumis au double contrôle de deux Chambres, peut-il véritablement être un gouvernement despotique ?

Disons plus justement que dans cette théorie des pouvoirs, si loyalement et si nettement affirmée par Monsieur le comte de Chambord, le roi, loin d'être un despote, n'est, à vrai dire, que le premier citoyen et, par suite, le premier serviteur du pays.

Et maintenant si la bourgeoisie, si les classes laborieuses et commerçantes, se laissaient aller à la crainte de voir Henri V devenir le roi de la noblesse et du clergé, ce qui est inadmissible, il y aurait, pour ces classes, un moyen bien simple de parer à cet inconvénient; ce serait de se mettre elles-mêmes à la tête du mouvement d'opinion qui doit relever la royauté.

Ce conseil leur était donné, il y a quelques jours, par un publiciste éminent. Il nous paraît bon à répéter et surtout bon à suivre.

§ 3. — *Pouvoir électoral.*

Une autre erreur dans laquelle les démocrates tombent volontiers, c'est de s'imaginer que la République de 1848 a inventé le suffrage universel.

Bonnes gens, le suffrage universel, en France, date de plus loin, il est plus ancien que la République et que les républicains.

Pour ne point remonter trop haut dans notre histoire, nous rappellerons seulement ces mémorables élections aux Etats-Généraux de 1789, élections auxquelles prirent part *six millions de Français*. Ce n'était pas mal pour une époque de « despotisme » et « d'ancien régime, » comme vous dites.

Les hommes de 1830 et de 1848 se souviennent encore de l'ardeur et de l'énergie déployées par le parti royaliste, dans une lutte de 18 ans, pour la revendication du suffrage universel.

Les républicains de 1848 n'eurent donc pas tout le mérite de sa proclamation ; avant eux et sans eux, d'autres avaient combattu pour ce droit, et si les républicains furent à l'honneur, il est juste de dire qu'ils n'avaient pas tous été à la peine.

Quoi qu'il en soit nous sommes en possession du suffrage universel et Monsieur le comte de Chambord, moins que personne, ne songe à nous en dépouiller.

« Nous donnerons pour garantie aux libertés
» publiques, est-il dit dans le Manifeste du 5
» juillet 1871, le suffrage universel honnêtement
» pratiqué. »

⁂

Le rétablissement de la Monarchie avec Monsieur le comte de Chambord n'amènerait donc ni la suppression ni la suspension du suffrage universel.

Ce sont des procédés que Henri V abandonne, sans les leur envier, aux soi-disant républicains qui, le 4 Septembre, en face des prussiens, imposaient leur odieuse dictature à la France.

⁂

Il est vrai que ces mots « honnêtement pratiqué » irritent les radicaux. Ils ne conçoivent pas le suffrage universel autrement que comme une cohue désordonnée.

Que répondre à cela, sinon que l'honnêteté n'offusque que ceux qui n'en ont pas ?

Les Français sont-ils donc un peuple de bohèmes, et leur fait-on du tort, en séparant leur cause de celle des repris de justice, des banqueroutiers et des gens sans-aveu ?

§ 4. — *Egalité devant la loi*

L'égalité devant la loi ou l'égalité civile est une des conquêtes les moins contestables, non pas de la Révolution, mais de cette première période de 89, la bonne, que nous appelons la Réforme.

Elle était inscrite dans nos lois, longtemps avant que les sophistes de 1792 fussent venus sacrifier le bonheur de la France à leur orgueil insensé.

Il ne faut pas croire, d'ailleurs, que nos libertés nationales, même celles dont la reconnaissance officielle date de cette époque, aient été le fruit spontané du grand mouvement qui signala la fin du dernier siècle.

Ces libertés venaient à leur heure, mais leurs germes, déposés dans notre vieille constitution monarchique, avaient été progressivement développés par la royauté, et la Révolution aurait eu bien plutôt pour effet d'en suspendre que d'en précipiter l'éclosion.

On est trop facilement porté à faire honneur à la Révolution de tous les progrès politiques accomplis depuis quatre-vingts ans.

C'est le contraire qui est vrai.

Sans la Révolution, nous jouirions aujourd'hui, dans une paix parfaite, de toutes les améliorations politiques et sociales demandées par les célèbres Cahiers de 1789, et nous aurions eu de moins la guillotine, les proscriptions, l'invasion étrangère, le démembrement de la France et cette longue suite de catastrophes dont l'énumération finira par lasser l'histoire.

Mais revenons à l'égalité devant la loi. Qui serait mieux en position de nous la garantir, que celui qui seul peut dire :

« Je ne veux pas être le roi d'une classe, ni » d'un parti, mais le roi de tous. » (Manifeste du 5 juillet).

Le 23 janvier 1851, à la lecture du mémorable discours prononcé par Berryer à la tribune de l'Assemblée législative, Monsieur le comte de Chambord écrivait à l'illustre orateur :

« Dépositaire du principe fondamental de la » monarchie, je sais que cette monarchie ne ré- » pondrait pas à tous les besoins de la France, si » elle n'était en harmonie avec son état social » ses mœurs, ses intérêts, et si la France n'en

» reconnaissait et n'en acceptait avec confiance
» la nécessité. Je respecte sa civilisation et sa
» gloire contemporaine autant que les traditions
» et les souvenirs de son histoire. Les maximes
» qu'elle a fortement à cœur et que vous avez
» rappelées à la tribune, l'*égalité devant la loi*, la
» liberté de conscience, le libre accès pour tous
» les mérites à tous les emplois, à tous les hon-
» neurs, à tous les avantages sociaux; tous ces
» grands principes d'une société éclairée et chré-
» tienne me sont chers comme à vous, comme à
» tous les Français. »

« Donner à ces principes *toutes les garanties*
» qui leur sont nécessaires par des institutions
» conformes aux vœux de la nation, et fonder,
» d'accord avec elle, un gouvernement régulier
» et stable, en le plaçant sur la base de l'héré-
» dité monarchique et sous la garde des *libertés*
» *publiques*, à la fois fortement réglées et loya-
» lement respectées, tel serait l'unique but de
» mon ambition.»

Et ce n'est pas seulement l'égalité devant la
loi qui se trouve implicitement comprise dans la
restauration du droit royal, mais encore l'égalité
devant toutes les fonctions publiques, sous la
seule condition du mérite et de la capacité,
sans distinction de culte ou de parti politique.

« Je n'ai, dit Monsieur le comte de Cham-
» bord, ni injure à venger, ni ennemi à écarter,
» ni fortune à refaire, sauf celle de la France ;
» et je puis choisir partout les ouvriers qui
» voudront loyalement s'associer à ce grand ou-
.» vrage.»

Mais s'il appartient au Roi de maintenir dans
nos codes l'égalité devant la loi, il n'appartient à
personne d'y inscrire l'égalité devant la nature
humaine et ses infirmités. Il y aura toujours des
pauvres parmi nous, dit l'Evangile ; il y aura aussi
toujours, sinon des classes, du moins des rangs
dans la société, parce qu'il y aura toujours des
hommes intelligents et d'autres qui le sont
moins, des travailleurs et des fainéants, des éco-
nomes et des mangeurs, des honnêtes gens et des
coquins.

La démagogie, seule, dans ses hallucinations,
peut rêver un état social d'où son niveau aura
fait disparaître toutes les inégalités ; un état où
il n'y aura plus de riches, parce que tout le
monde sera pauvre, et où il n'y aura plus de
grands, parce que tous seront petits.

Sachons être raisonnables et ne demandons
que ce qui est possible, si nous ne voulons stéri-
liser nos efforts en inutiles revendications.

§ 5. — *L'Eglise et l'Etat*.

Monsieur le comte de Chambord est un catholique très attaché à sa foi ; mais il est aussi un homme politique de premier ordre, et il connaît mieux qu'aucun de nous les nécessités de son époque.

C'est dire que Henri V ne sera ni le roi de la noblesse, ni le roi du clergé ; il sera le roi de tous.

Son gouvernement ne sera le gouvernement ni des nobles, ni des prêtres, ni des ultramontains, ni des gallicans, ni d'une classe, ni d'un parti, quel qu'il soit : Ce sera le gouvernement de la France, et le Roi choisira « partout les ouvriers » qui voudront s'associer loyalement à ce grand » ouvrage. »

Dans ce gouvernement, l'Eglise ne sera point opprimée, car elle a aussi droit à la liberté ; mais, pour nous servir des expressions de M. le duc de Broglie, rien de ce qui ressemble à un pouvoir légal du clergé ne reparaîtra dans nos institutions. « Il est aussi ridicule d'en craindre le retour que de l'espérer. »

Cependant les républicains s'obstinent à répéter que M. le comte de Chambord, s'il remonte

sur le trône de ses ancêtres, se hâtera de remet-
tre au clergé la plus grande part de l'administration.

Dans ce système insensé, le préfet serait rem-
placé par l'évêque et le maire par le curé.

Les citoyens seraient conduits à la messe par
les gendarmes.

Inventions absurdes, qui ne font certes pas
plus d'honneur à l'imagination de leurs auteurs
qu'à l'intelligence du public auquel elles s'adres-
sent !

Mais il est aisé de réfuter ces impostures, en
leur opposant toujours les déclarations formelles
de Monsieur le comte de Chambord.

Le prince s'est expliqué depuis longtemps sur
la manière dont il entend les rapports de l'Eglise
et de l'Etat.

Nous lisons dans une lettre du 29 mai 1857 :

« Nul doute que je ne sois disposé à laisser à
» l'Eglise la liberté qui lui appartient. Mais, de
» de leur côté, *les évêques et tous les membres du*
«clergéne sauraient éviter avec trop de soin de mêler
» *la politique à l'exercice de leur ministère sacré,*
» et de s'immiscer dans les affaires qui sont du
» ressort de l'autorité temporelle. »

Deux ans plus tard, le 26 mars 1859, Monsieur le comte de Chambord écrivait à M. de Chevrier, membre de l'Académie des inscriptions et belles-lettres :

> « Pleine liberté de l'Eglise dans les choses
> » spirituelles; indépendance souveraine de l'Etat
> » dans les choses temporelles, parfait accord de
> » l'une et de l'autre dans les questions mixtes,
> » tels sont les principes qui doivent aujour-
> » d'hui régler les rapports des deux puissances.»

Cela ressemble-t-il au « gouvernement des prêtres » ?

Que reste-t-il, devant des déclarations si fermes et si catégoriques, des assertions mensongères de la presse républicaine?

Il est donc faux que le règne de Henri V doive être celui des curés, des jésuites et des moines.

Le roi sera chrétien, mais il n'opprimera personne; sa mission sera d'assurer aux croyants et aux incroyants, aux protestants et aux juifs comme aux catholiques, le respect inviolable des droits de leur conscience.

Voilà la vérité.

On voit par là combien sont puériles les appréhensions que la presse républicaine a essayé d'inspirer aux protestants et aux israélites pour le libre exercice de leur culte.

M. le comte de Chambord vient encore de protester énergiquement, dans sa lettre à M. de Rodez-Bénavent, contre les intentions que les radicaux lui ont prêtées de vouloir attenter à la liberté de conscience contre ceux qui ne partagent pas ses croyances religieuses. « On ne répond pas sérieusement, dit le prince, à des choses si peu sérieuses. «

La plus absurde des suppositions serait, en effet, celle qui présenterait Henri V comme songeant à revenir à quoi que ce soit, qui ressemblerait de près ou de loin à la révocation de l'Edit de Nantes. Son catholicisme ne le porte pas plus à méconnaître les droits de la conscience, chez « nos frères séparés, qu'il ne l'oblige à déclarer follement » la guerre à l'Italie, pour réintégrer le pape dans son pouvoir temporel.

ჳ 6. — *Liberté individuelle.*

La liberté individuelle, comme l'égalité civile, a été inscrite dans nos lois par la réforme de 1789. Comment donc pourrait-elle avoir à souffrir du prince qui fait consister principalement sa mission à reprendre, avec la France et « en lui restituant son véritable caractère » le mouvement réformiste et national de cette grande époque ?

Aussi, cette liberté précieuse n'est-elle pas moins en sûreté que toutes les libertés publiques.

Monsieur le comte de Chambord écrivait en 1855 :

« Vous savez ce que je pense de la liberté in- » dividuelle et des garanties que le sentiment » public réclame contre l'arbitraire.»

« C'est surtout dans le respect des lois, dans » l'honnêteté et la moralité des dépositaires du » pouvoir que sont les garanties de ce droit » essentiel.»

*
* *

Finissons-en donc une bonne fois, avec ce système de mensonge, aussi impuissant à combattre la Monarchie qu'à consolider la République. La conquête de nos libertés est aujourd'hui si bien assurée qu'il n'est au pouvoir ni de la République d'y ajouter quoi que ce soit, ni de la Monarchie d'en ébranler le principe.

§ 7. — *Liberté d'enseignement.*

Monsieur le comte de Chambord ne pouvait pas se désintéresser dans une question aussi considérable que celle de l'enseignement. Mais ici encore les maximes du prince sont d'accord avec les principes de vraie liberté. Nous lisons, en effet, dans une lettre adressée au vicomte de Saint-Priest :

« Je m'associe à la lutte persévérante des ca-
» tholiques *de tous les partis* en faveur de la li-
» berté d'enseignement, *qui ne devrait* avoir
» d'autres limites que l'autorité tutélaire dont
» un sage gouvernement ne saurait se départir
» dans l'intérêt de la société.»

§ 8. — *Questions Ouvrières.*

Nous n'avons pu lire, sans une profonde émotion, dans un des derniers manifestes de Monsieur le comte de Chambord cette phrase où se révèle une si paternelle sollicitude pour les ouvriers :

« Qui assurera aux classes ouvrières le bien-
» fait de la paix, à l'ouvrier la dignité de sa
» vie, les fruits de son travail et la sécurité de
» sa vieillesse ? »

✶
✶ ✶

Et qu'on ne croie pas que c'est là l'expression d'une émotion passagère ou une phrase de circonstance destinée à produire son effet dans une proclamation. La correspondance du prince est remplie de passages non moins significatifs; ils prouvent au peuple français que le petit-neveu de Louis XVI n'a rien plus à cœur que d'assurer, non-seulement la régénération morale des masses populaires, mais encore leur bien-être matériel.

Toutes les thèses sociales sont familières à Monsieur le comte de Chambord. Il aime le peuple, il a étudié ses besoins, il compatit à ses souffrances.

En 1844, il écrivait au vicomte de Bouchage :

« Je saisis avec plaisir l'occasion de vous félici-
» ter de la courageuse persévérance avec laquelle
» vous ne cessez de défendre à la tribune les
» véritables intérêts de la France et la cause du
» peuple, de ce peuple si souvent trompé et dont
» on s'occupe si peu. »

Nous retrouvons les mêmes pensées et les mêmes sentiments dans une lettre adressée, l'année suivante, à M. de Quatrebarbes :

« Je lirai votre livre avec d'autant plus d'in-
» térêt, que j'y verrai l'histoire d'un prince de
» la Maison de France, aimant les peuples d'un
» si grand amour qu'il retrouvait en eux une
» immense famille. »

Le 25 août 1849, Monsieur le comte de Chambord écrivait aux ouvriers de la ville de Paris une lettre dont on lira avec plaisir les extraits suivants :

« J'ai parcouru les listes nombreuses qui
» m'ont été apportées, et j'ai été heureux et
» fier de compter tant d'amis dans les classes la-
» borieuses. Etudiant sans cesse les moyens de
» leur être utile, je connais leurs besoins, leurs
» souffrances, et mon regret le plus grand est
» que mon éloignement de la patrie me prive
» du bonheur de leur venir en aide et d'amélio-
» rer leur sort. »

⁎⁎⁎

En 1855, Monsieur le comte de Chambord écrivait à un membre éminent du parti royaliste :

« Quant aux associations ouvrières, en se for-
» mant dans des idées d'ordre, de moralité, d'as-
» sistance mutuelle, elles constitueront des in-
» térêts collectifs sérieux qui auraient droit à
» être représentés, »

⁎⁎⁎

Enfin, nous lisons dans la lettre sur les ouvriers écrite en 1865 :

« Il faut rendre aux ouvriers le droit de se

» concerter, en conciliant ce droit avec les impé-
» rieuses nécessités de la paix publique. Il est
» naturel qu'ils se forment en syndicats qui puis-
» sent entrer en relations avec les syndicats de
» patrons, pour régler à l'amiable les différends
» relatifs au travail et au salaire. »

Ces textes sont assez clairs pour que nous n'ayons besoin d'ajouter aucun commentaire.

§ 9. — *Décentralisation.*

La décentralisation administrative est une des questions qui ont le plus préoccupé les hommes politiques depuis trois ans. Il n'est pas sans intérêt de connaître l'opinion de Henri V sur un sujet qui a autant de détracteurs que d'apologistes.

***

Monsieur le comte de Chambord a écrit en 1862, une lettre sur la décentralisation où nous lisons ce qui suit :

« Décentraliser l'administration largement,
» mais progressivement, et avec prudence, ce se-
» rait déjà un grand bienfait pour le pays. Mais,
» *même sur le terrain social et politique*, la décen-
» tralisation ne produirait pas de moins précieux
» avantages.

» Elle peut créer les mœurs politiques. En ap-
» pelant tous les français à s'occuper de leurs
» intérêts, dans leur commune, leur canton, leur
» département, on verra se former un personnel
» qui, à l'indépendance, joindra l'expérience pra-
» tique des affaires.»

Est-ce là, nous le demandons, le langage et les opinions d'un prince qui aspirerait à se faire dé-cerner un pouvoir sans limites ? Le despotisme n'est guère décentralisateur de sa nature; Napo-léon Ier et Napoléon III l'ont bien prouvé. Le despotisme jacobin l'avait prouvé de même avant l'Empire. Mais que dire d'un prince qui, non content de décentraliser l'administration, pru-demment, mais largement, ne craindrait pas de porter la décentralisation même sur le terrain *social et politique* ? Compterait-on beaucoup de « libéraux » aussi hardis? Nous ne le croyons pas.

§ 10. — *Politique générale.*

Il ne nous est pas possible, on le comprend, de receuillir une à une et de cataloguer, en quelque sorte, les opinions de Monsieur le comte de Chambord sur toutes les questions de politique ou d'économie sociale. C'est un travail que chacun peut faire utilement; la correspondance est dans toutes les mains, et nous en conseillons la lecture à tous les hommes qui veulent juger le prince sur pièces authentiques et non sur le témoignage plus que suspect de ses implacables ennemis.

Tout ce que nous pouvons faire, en terminant, c'est de reproduire encore quelques extraits qui seront comme le résumé saisissant des idées d'Henri V sur l'ensemble de la politique.

Citons d'abord cet extrait d'une lettre datée de Venise et adressée au duc de Noailles, le 5 octobre 1848 :

« Je comprends les conditions que le temps et » les évènements ont faites à la société actuelle. » Je reconnais les intérêts nouveaux.»

A. Berryer, le 23 janvier 1851 :

« L'égalité devant la loi, la liberté de cons- » cience, le libre accès pour tous les mérites à » tous les emplois, à tous les honneurs, me sont » chers comme à vous.»

Au duc de Levis, le 12 mars 1856 :

« Exclusion de tout arbitraire; le règne et le » respect des lois; l'honnêteté et le droit par- » tout; le pays sincèrement représenté, votant

» l'impôt et concourant à la confection des lois;
» les dépenses sincèrement contrôlées, la pro-
» priété, la liberté individuelle et religieuse in-
» violables et sacrées. L'administration commu-
» nale et départementale sagement et progres-
» sivement décentralisées; le libre accès pour
» tous aux honneurs et avantages sociaux; telles
» sont les véritables garanties d'un bon gouver-
» nement.»

A M. de Saint-Priest, le 9 décembre 4866 :

« Un pouvoir fondé sur l'hérédité monarchi-
» que, le gouvernement représentatif dans sa
» puissante vitalité, les dépenses publiques sé-
» rieusement contrôlées, le règne des lois, le
» libre accès de chacun aux emplois et aux hon-
» neurs, la liberté religieuse et les libertés ci-
» viles consacrées, l'administration intérieure
» dégagée des entraves d'une centralisation
» excessive, la propriété foncière rendue à la
» vie et à l'indépendance par la diminution des
» charges qui pèsent sur elle, l'agriculture, le
» commerce, l'industrie encouragés, et au-des-
» sus de tout cela, une grande chose : l'honnê-
» teté.

C'est ainsi que le comte de Chambord, répudiant les excès de la Révolution, garde toutes

les libertés de 1789. Il est nécessaire que ce partage soit fait, si nous voulons sortir enfin de l'ornière révolutionnaire :

D'un côté les fausses théories avec les crimes qu'elles engendrent, de l'autre les doctrines de la vraie liberté.

Ce n'est pas de son nom ou de sa personne que le comte de Chambord peut sauver le pays ; s'il consentait à être le roi de la Révolution, à gouverner par les maximes révolutionnaires, il nous mènerait aux catastrophes, comme tous nos sauveurs depuis quatre-vingts ans. Le salut ne tient pas à un homme, mais aux principes dont cet homme s'inspire, principes sans lesquels le comte de Chambord « n'est rien, avec lesquels il peut tout. »

Aurons-nous la guerre avec l'Italie ?

—

Les républicains assurent qu'une restauration monarchique serait une nouvelle guerre avec l'Italie, et voici la fable qu'ils imaginent à l'appui de leur assertion.

« Le lendemain du jour où le comte de
» Chambord serait remonté sur le trône de ses

» pères, et aurait pris le titre d'Henri V, roi
» de France, la reconnaissance du royaume
» d'Italie lui serait résolument demandée par
» le gouvernement italien, et en cas de refus,
» la guerre serait immédiatement déclarée à
» la France, le roi Victor-Emmanuel ayant
» pour allié l'empereur Guillaume. »

Nous avons dit que c'est une fable, ajoutons que si la chose n'est pas vraie, elle est encore moins bien trouvée.

Où les républicains ont-ils vu que les gouvernements déjà établis doivent être reconnus par celui qui arrive ? C'est d'une absurdité qui crève les yeux.

Henri V n'aura donc pas à reconnaître le royaume d'Italie et il n'aura point, par son refus, de querelle avec Victor-Emmanuel.

Ce sera, au contraire, à Henri V à notifier son avènement à Victor-Emmanuel, s'il veut être reconnu lui-même par le gouvernement italien. C'est ainsi que les choses se passent d'ordinaire. La guerre n'est donc pas à craindre, et les républicains en sont pour leur invention qui prouve leur ignorance autant que leur mauvaise foi.

LA COUR D'HENRI V.

On s'imagine volontiers que Monsieur le comte de Chambord, livré dès son enfance à des hommes « d'ancien régime, » a reçu une éducation surannée ; qu'il persiste à s'entourer d'une cour uniquement composée de grands seigneurs, de prêtres, de moines ou d'évêques, et qu'il règle sa conduite sur leurs avis.

Les journaux républicains s'évertuent à nous représenter Henri de France comme tenu en charte privée par tous ces courtisans, demeurants d'un autre âge, qui défendent l'approche du prince à quiconque n'a pas fait sa profession de foi religieuse ou articulé ses quartiers de noblesse.

Il n'y a qu'un défaut à cette peinture, c'est qu'elle est fausse et que ceux qui la propagent colportent tout simplement une grossière erreur à laquelle la malveillance est loin d'être étrangère.

Henri V n'a pas de cour et n'a pas de courtisans.

Il a des amis, dont quelques-uns portent des noms illustres.— On a beau vivre en des temps de république, il faut bien que chacun s'appelle comme s'appelait son père. — Mais ces amis n'imposent aucune direction au prince.

Monsieur le Comte de Chambord écoute, observe les hommes et apprécie les évènements, sans subir les impressions de ceux qui lui parlent.

Henri V n'aime pas les oisifs et il estime que tout homme, dans quelque condition de fortune qu'il se trouve placé, doit à la société le tribut d'un travail intellectuel ou manuel.

Voici un extrait de sa correspondance qui montre avec quelle satisfaction il voit ses amis s'intéresser au bonheur du peuple.

« J'applaudirai toujours », écrit-il au marquis de la Rochejaquelein, qui lui avait envoyé un document relatif à une association ouvrière, « aux efforts qui seront faits pour rapprocher » et unir toutes les classes de la société. C'est » en renonçant à une vie oisive, en travaillant » au bien-être du peuple et en protégeant les » intérêts du commerce et de l'industrie, que » nos amis doivent chercher à dissiper les pré-

» ventions qui pourraient encore exister, et à
» reconquérir cette influence salutaire qu'ils
» sont naturellement appelés à exercer, et qui
» peut devenir un jour si utile au pays. »

Qui ne reconnaît à ce langage un véritable ami du peuple ?

Les Biens Nationaux

—

Il sera dit que les révolutionnaires, dans leur rage anti-royaliste, feront flèche de toutes les absurdités, ne reculant ni devant l'odieux ni devant le grotesque.

On dirait que c'est, parmi eux, une gageure à qui inventera la plus grosse sottise.

Ne se sont-ils pas avisés d'éveiller les appréhensions des propriétaires d'anciens biens nationaux et de leur donner à entendre que Henri V, une fois remonté sur le trône, pourrait bien leur enlever ces terres pour les rendre aux familles qui les possédaient avant la Révolution ?

Et ce n'est pas seulement dans les organes de la basse démagogie qu'on rencontre ces phénoménales inepties; des hommes sérieux, ou qui voudraient passer pour tels, n'ont aucune répugnance à s'en faire les échos, et nous avons vu

MM. Fourcand, Dupouy, Sansas et Simiot, députés de la Gironde, dire, sans balbutier, aux paysans, à tous les propriétaires que, le Roi venu, personne ne pourrait plus leur répondre de leurs propriétés.

Ils ont même renchéri sur ceux qui n'avaient parlé que des biens nationaux : c'est toute la propriété, sous ses diverses formes, qui serait menacée par la Monarchie.

Les champs, les usines, les épargnes de l'ouvrier et du paysan, le roi prendra tout. Henri V veut sans doute affamer le peuple et le faire mourir de misère, pour se procurer la satisfaction de régner sur un immense cimetière.

Cela dépasse toutes les limites connues de l'absurde.

MM. Fourcand, Dupouy, Sansas et Simiot ont cru peut-être qu'ils ne pouvaient pas mentir modérément, et que leur titre de député les obligeait à de plus gros mensonges.

⁂

Si bête que cela soit, il faut bien que nous nous y arrêtions et que nous prouvions à ce bon public que les citoyens Fourcand, Dupouy, Sansas et Simiot se moquent de lui à sa barbe.

Nous ne parlerons ici que des biens nationaux, et nous demanderons aux propriétaires de ces biens s'ils sont réellement inquiets.

Nous sommes sûrs de leur réponse, car ils savent, si ces honorables députés l'ignorent, que la question est depuis longtemps et définitivement jugée.

***

Les acquéreurs de biens nationaux possèdent aujourd'hui leurs propriétés aussi légalement que tout autre propriétaire, non-seulement en vertu des contrats, mais encore en vertu d'une loi spéciale, et — chose digne de remarque — d'une loi votée sous le règne de Charles X, le grand'père de Henri V.

Le 22 décembre 1825, Charles X, dans le discours d'ouverture de la session parlementaire, annonçait en ces termes l'intention du gouvernement de régler définitivement la question des biens nationaux, en indemnisant les anciens propriétaires :

« Le roi mon frère trouvait une grande con-
» solation à préparer les moyens de fermer les
» dernières plaies de la Révolution; la situation
» de nos finances permettra d'accomplir ce grand
» acte de justice et de politique sans augmenter
» les impôts, sans retrancher aucune partie des
» fonds destinés aux divers services publics. »

En effet, en janvier 1825, la loi fut portée devant la Chambre des députés et votée; peu de jours après, elle était acceptée par la Chambre des pairs.

Trente millions de rentes, au capital d'un milliard, étaient affectés, à l'indemnité due par l'Etat aux Français dont les biens-fonds situés en France, ou qui faisaient partie du territoire français en 1792, avaient été confisqués et aliénés en exécution des lois sur les émigrés, les déportés et condamnés révolutionnairement.

Cette indemnité était définitive.

A quel homme raisonnable persuadera-t-on que Henri V a formé le projet d'abroger cette loi préparée par son grand-oncle Louis XVIII et présentée aux Chambres par son aïeul Charles X ?

Et puis, si l'on rendait leurs biens aux anciens émigrés, ceux-ci seraient, par contre, tenus de rembourser l'indemnité qu'ils ont reçue de l'Etat.

A qui fera-t-on croire qu'un roi, qui ne serait pas absolument fou, se jettera jamais dans cet embarras ?

La vérité est, comme nous l'avons dit, que les biens nationaux sont aujourd'hui possédés au même titre que toutes les autres propriétés et que leurs possesseurs sont, depuis longtemps, à l'abri de toute inquiétude.

Remarquons encore que les révolutionnaires de l'époque s'opposèrent de tout leur pouvoir au vote de la loi.

De sorte que si les possesseurs de biens nationaux ne peuvent plus être inquiétés, ils doivent leur sécurité, non pas aux républicains, mais au roi Charles X, grand-père de Henri V.

Voilà l'histoire vraie ; mais cette histoire-là, les journaux républicains se gardent bien de l'enseigner à leurs lecteurs.

L'ancien régime

« En être réduit, en 1873, à évoquer le fan-
» tôme de la dîme, des droits féodaux, de l'into-
» lérance religieuse, de la persécution contre nos
» frères séparés; que vous dirai-je encore ? de la
» guerre follement entreprise dans des condi-
» tions impossibles, du gouvernement des prê-
» tres, de la prédominance des classes privilé-
» giées ! Vous avouerez qu'on ne peut pas ré-
» pondre sérieusement à des choses si peu sérieu-
» ses. »

C'est en ce langage, si éminemment français, que le chef de la Maison de Bourbon s'expri-

mait, il y a quelques jours, dans une lettre à M.
de Rodez-Bénavent, député de l'Hérault.

Et, en s'exprimant ainsi, Monsieur le comte de
Chambord répondait péremptoirement aux hommes qui l'accusaient de vouloir être le roi
d'un parti, de vouloir opprimer les classes
populaires et les classes moyennes de la nation
au profit d'une classe prévilégiée, en rétablissant
des institutions d'un autre âge.

Le prince répondait à ceux qui effraient le
pays en lui disant que le retour de la royauté
serait le signal d'une querelle confessionnelle, de
l'intolérance religieuse et d'une guerre nouvelle
où la France pouvait verser la dernière goutte
de son sang.

Tous les fantômes de la dîme, des droits féodaux, de l'ancien régime, se sont évanouis à
cette parole loyale, à cette parole de roi, qui a
convaincu de mauvaise foi toute la presse radicale. Il est donc permis de dire que la restauration du trône ne met pas en péril les conditions
dans lesquelles existe la société moderne. Nul à
présent ne peut plus en douter.

D'ailleurs, l'ancien régime est mort et bien
mort, et l'on ne restaure que ce qui est vivant.

Ce qui est vivant, c'est le principe de l'hérédité monarchique, précieusement conservé par l'auguste exilé de Frohsdorff, principe tutélaire qui, en mettant fin à nos révolutions, mettra fin à nos misères.

Henri V nous apporte la Monarchie de Louis XVIII et de Charles X. Interrogez les vieillards qui se souviennent de 1815 et de 1820, et demandez-leur si ce fut un temps d'ancien régime.

La Monarchie d'aujourd'hui différera bien un peu de celle de la Restauration et même de celle de 1830, mais ces différences seront de nouveaux avantages, conséquence de nouveaux progrès.

Ainsi sous le gouvernement de la Restauration et sous celui de Louis-Philippe, il fallait payer le cens pour être électeur; sous Henri V, nous jouirons des bienfaits du suffrage universel.

Le roi ne dira pas au peuple français, comme osent l'affirmer les républicains : « tu es mon bien, tu m'appartiens par le droit du glaive.»

Il lui dira : « Tu es un peuple libre ; exerce en paix tes droits légitimement acquis. La restauration de la royauté n'a pas pour but de supprimer la loi, pour y substituer le bon plaisir d'un homme; mais de mettre la loi et le droit partout. C'est la vraie égalité et la vraie liberté. »

Que les ignorants, les crédules, sachent donc désormais qu'on les trompe quand on leur parle d'ancien régime, de dîme, de domination des prêtres, de priviléges et de droits féodaux.

Mais sachons aussi, tous tant que nous sommes, que nous serions perdus, si nous nous laissions arrêter par ces mensonges. Nous avons épuisé la série des erreurs et des expédients; il n'y a plus à hésiter; il n'y a même pas à choisir entre les moyens de salut; la République étant finie, nous n'avons de refuge que dans la Monarchie.

CONCLUSION.

Il semble qu'en présence des périls qui menacent d'anéantir la France, avec son honneur et sa fortune, il n'y a pas à choisir et que tout français véritablement ami de son pays devrait s'attacher à la Monarchie, chance suprême de salut.

Il y a cependant encore des hésitations. Non-seulement les partisans de la Monarchie s'attar-

dent à marchander les conditions de son rétablissement, mais de très honnêtes gens osent encore parler de République provisoire ou définitive.

Les uns croient tout sauver en se réfugiant
dans la prorogation des pouvoirs du maréchal de
Mac-Mahon. Ceux-là s'imaginent faire preuve
d'esprit conservateur, en disant que si M. le
comte de Chambord était sur le trône, mieux
vaudrait améliorer son gouvernement que de le
renverser; mais étant donnés, d'une part, les progrès du radicalisme et ses menaces, de l'autre, le
gouvernement anonyme du maréchal de Mac-
Mahon, mieux vaut conserver ce gouvernement
que de courir, pour en établir un autre, les ris-
ques d'une nouvelle révolution.

Les autres nous prônent les bienfaits de la
République et, après la Commune, après les élections partielles, qui donnent constamment la
majorité aux candidats du radicalisme le plus
avancé et le plus entreprenant, s'aveuglent jusqu'à proclamer que la République conservatrice
est le seul gouvernement qui convienne à la
France.

Ces républicains conservateurs sont évidem-
ment en retard. Ils oublient que l'inventeur de

cette chimère qui s'appelle « la République conservatrice » en a lui-même déserté le drapeau,
pour se mettre à la tête des bandes radicales. La
seule République possible désormais, est celle
des Gambetta, des Challemel-Lacour, des Pyat
et des Vermesch. Elle est lancée sur cette pente,
elle ne s'arrêtera qu'au fond de l'abîme.

Quant à ceux qui nous proposent la prorogation comme moyen de salut, ils ont le tort de
ne point voir que, dans l'Etat actuel du pays, il
n'est au pouvoir de personne d'ajourner la question du gouvernement définitif. Il ne s'agit plus,
en effet, d'améliorer le provisoire, mais de mettre fin au provisoire.

L'Assemblée s'est engagée, sur la proposition
de M. Dufaure, à examiner les lois constitutionnelles et, par conséquent, à se prononcer sur la
forme définitive du gouvernement. Elle ne saurait se soustraire à cet engagement.

Voilà la situation vraie.

Quel sera le dénouement, Dieu seul le sait;
nous avons l'inébranlable conviction que les
groupes conservateurs de l'Assemblée, éclairés
sur les dangers qui nous menacent, feront leur

devoir, tout leur devoir, et qu'ils se prononceront dans le sens des véritables intérêts de la France.

Mais, ne nous faisons point d'illusion, en ces graves conjonctures, ce n'est pas seulement à nos députés qu'incombent de patriotiques obligations. Le salut de la France doit être l'œuvre de tous les Français dignes de ce nom.

C'est, pour chacun de nous, un devoir impérieux de sacrifier à la patrie, non-seulement nos préjugés et nos rancunes, ce serait trop peu, mais encore nos plus chères sympathies. Dans la grande famille française, tous les honnêtes gens, à quelque parti qu'ils appartiennent, doivent se rapprocher, se serrer la main et suivre l'exemple qui leur a été donné par les princes de la famille royale.

*
* *

Effaçons donc, comme le comte de Chambord nous y invite, jusqu'au souvenir de nos dissensions passées, si funeste au développement du véritable progrès et de la vraie liberté. Unissons toutes nos forces contre le radicalisme, qui est l'ennemi commun.

Si nous faisons cela, la patrie sera sauvée et la France reprendra, dans le monde, le rang qui lui appartient parmi les nations civilisées et libres.

LE DERNIER MOT.

Au moment où ces pages sont livrées à l'impression, un grand fait vient de s'accomplir.

Dans une entrevue qui a eu lieu le 14 de ce mois, à Saltzbourg, Monsieur le Comte de Chambord et les délégués des divers groupes de la majorité parlementaire sont tombés d'accord sur les conditions auxquelles se fera le rétablissement de la Monarchie.

L'auguste chef de la Maison de Bourbon, celui qui dans quelques jours sera le Roi, donne pleine et entière satisfaction aux besoins et aux vœux de la nation.

L'entrevue ce Frohsdorff avait refait la famille royale.

L'entrevue de Saltzbourg refait la monarchie.

Il est absolument certain qu'un accord complet existe aujourd'hui d'une part entre les membres de toutes les fractions de la droite, de l'autre entre ces diverses fractions et le comte de Chambord.

Le rétablissement de la monarchie ne dépend plus que de la majorité.

On annonce, d'un autre côté, et l'on donne pour absolument certain que le maréchal de Mac-Mahon se refuse désormais à toute combinaison qui serait en dehors du terrain choisi par les conservateurs eux-mêmes.

Plus que jamais, nous sommes donc forcés de choisir entre la République radicale, puisque c'est la seule possible, et la Monarchie qui, en rendant la sécurité à tous les intérêts légitimes, nous garantit toutes les libertés publiques.

On parle d'une convocation anticipée de l'Assemblée. Les évènements vont donc se précipiter.

DIEU SAUVE LA FRANCE !!!!

www.ingramcontent.com/pod-product-compliance
Lightning Source LLC
Chambersburg PA
CBHW061418060726
47597CB00003B/1088